Couvertures supérieure et inférieure
♦ manquantes.

GUIDE-ITINÉRAIRE

DE LA

VILLE DE MULHOUSE

PAR

A. A. F. PARROT.

Prix 50 cent.

MULHOUSE
IMPRIMERIE DE J. P. RISLER ET Cᵗᵉ
1868.

AVIS.

—

La création de nouvelles rues, à mesure que la ville de Mulhouse prend de l'extension, suite naturelle de l'augmentation continuelle de sa population, ainsi que les changements de dénomination d'autres rues, mettent dans l'embarras, même les personnes les plus au courant, quand il s'agit de dire le nom ou la situation de telle ou telle nouvelle rue.

J'ai pris à tâche de chercher à obvier à cet inconvénient, en offrant au public un *Guide-Itinéraire de la ville de Mulhouse*, dans lequel on pourra trouver avec précision :

1º Divers renseignements sur les administrations, les hôtels, les postes, le télégraphe, les chemins de fer, les voitures publiques en général, omnibus, voitures de place et de remise, etc., etc.; avec l'indication de la situation des établissements et des édifices publics, ainsi que des écoles en général, qui permettront aux voyageurs ou étrangers arrivant à Mulhouse, d'être, au moyen de ce guide, leur propre cicerone, de se conduire eux-mêmes, et de voir tout sans avoir besoin de recourir aux renseignements verbaux quelquefois très-erronés;

2º Les noms des rues délimitant les deux cantons *Nord* et *Sud*;

3º L'indication des cantons dans lesquels se trouvent les rues, places, etc., de la ville ;

4º Les noms de toutes les rues, places, etc., telles qu'elles existent actuellement à Mulhouse, par ordre alphabétique, avec les noms et les Nᵒˢ (autant qu'il a été possible), de celles où elles commencent et où elles finissent.

Cet ouvrage fait dans un but d'utilité générale et qui semble être un auxiliaire indispensable à tout habitant de la localité, comme aux étrangers que des motifs personnels ou leurs affaires amènent à Mulhouse, a été établi, avec le plus complet desintérressement à un prix aussi réduit que le permettaient les frais d'impression et ceux qu'a entraînés sa rédaction.

Mulhouse, le 1ᵉʳ Mai 1868.

PARROT.

[illegible]

[illegible]

MULHOUSE D'AUTREFOIS ET MULHOUSE ACTUEL

La ville de Mulhouse, qui, lors de sa réunion à la France, en 1798 ne comptait que 6500 habitans, et environ 13,000 en 1830, est aujourd'hui une ville de près de 60,000 âmes ; elle est appelée, par son commerce et par son industrie, qui a une renommée universelle, à devenir l'une des principales villes de France. Divers canaux sillonnent son territoire et ceux limitrophes et alimentent une partie de ses nombreux établissements ; c'est sur leurs bords qu'ont pris naissance, vers le milieu du siècle passé, ses deux premières fabriques de toiles peintes, lesquelles ont été la pierre fondamentale de la puissance industrielle actuelle de Mulhouse. L'un de ces établissements avait été créé par M. Samuel Kœchlin, dont les descendants sont encore aujourd'hui à la tête des principales industries de cette ville. Anciennement Mulhouse était resserré entre les canaux couverts, denommés aujourd'hui de rue de la Sinne au sud-est et de quai du Fossé au nord-ouest, et l'on ne rencontrait audelà de ces limites que quelques maisons des faubourgs actuels de Bâle et de Belfort. Aujourd'hui des constructions de toute nature ont envahi un périmêtre triple, comprenant du côté nord-ouest les magnifiques Cités ouvrières, qui à elles seules forment déjà une ville riante, saine et confortable et servent de modèle aux autres villes manufacturières. Le développement de Mulhouse a commencé par l'ouverture de la navigation sur le canal du Rhône-au-Rhin (1828—1830); mais il a surtout été rapide depuis l'achèvement des artères principales des chemins de fer de l'Est (1840—1850).

Audelà du canal s'élève, sur le territoire de Mulhouse, un coteau autrefois entièrement couvert de vignes, dont le produit formait anciennement une des ressources de ses habitans. Aujourd'hui une grande partie est convertie en jardins d'agrément au milieu d'un certain nombre desquels s'élèvent des villas du plus bel aspect.

Parmi ses édifices publics les plus remarquables sont : le Temple protestant allemand récemment construit ; la nouvelle Eglise catholique ; l'Hôtel-de-ville ; les bâtiments de la Société industrielle ; le Théâtre ; la nouvelle Halle.

Cette ville va devoir prochainement à l'administrateur éclairé de la cité, si bien secondé par son conseil municipal et de généreux citoyens, de promenades magnifiques à travers le vignoble et dans l'intérieur de la forêt communale du Tannenwald, dont le besoin se faisait de plus en plus sentir, par suite de l'augmentation continuelle de la population locale.

ADMINISTRATIONS

Sous-Préfecture.
Rue du Sauvage, 11.

Les bureaux sont ouverts au public de 9 heures du matin à midi et de 2 heures à 4 heures du soir, les jours fériés excepté.

M. le Sous-Préfet donne audience tous les jours de la semaine.

Hôtel-de-Ville.
Place de la Réunion.

Les bureaux sont ouverts au public de 9 heures du matin à midi et de 2 à 4 heures du soir, les jours fériés excepté.

M. le Maire donne audience de 11 h. à midi et de 3 h. à 4 h. du soir.

Tribunaux.

1° CIVIL, DE COMMERCE ET CORRECTIONNEL.
Rue des Trois-Rois, 23.

Jours d'audience : Civil, les mercredis, jeudis et vendredis, à 9 h. du m.
Comm^e, les mardis et vendredis, à 2 h. de l'après-midi.
Correctionnel, les mardis et samedis, à 9 h. du matin.

2° DE SIMPLE POLICE.
(Des deux cantons Nord et Sud.)

Dépendances de l'Hôtel-de-Ville (salle d'audience du canton Nord.)

Jours d'audience : Tous les vendredis, à 9 heures du matin.

Justices de paix.
1° CANTON NORD.

Place de la Réunion (dépendances de l'Hôtel-de-Ville.)

Jours d'audience : Le Mercredi, affaires civiles sur avertissements.
Le jeudi, affaires civiles sur citations.

2° CANTON SUD.
Rue Neuve, 11.

Jours d'audience : Les mercredis et samedis, à 9 heures du matin, affaires civiles.

Conseil de Prud'hommes.

Dépendances de l'Hôtel-de-Ville (salle d'audience du canton Nord.)
Jours d'audience : Tous les jeudis, à 6 heures du soir.

Maison d'arrêt et de justice de Mulhouse.

Rue d'Illzach.

Bureau des Postes,

Rue de la Sinne, 44.

Le bureau est ouvert depuis 7 heures du matin jusqu'à 6 h. 45 du soir.

Les dimanches et jours fériés, le bureau est fermé à 2 h. 45 du soir et la dernière distribution est remise au lendemain.

Heures des levées des boîtes : 5 h. 25 et 9 h. 05 du matin, à 1 h. 10 et 4 h. du soir (heure de Mulhouse).

DISTRIBUTIONS ET EXPÉDITIONS DES DÉPÊCHES.

COURRIERS.	ARRIVÉES ou mise en distribution des correspondances.	DÉPARTS ou dernière levée de la boîte.
	Heure de Mulhouse	Heure de Mulhouse
Ligne de Paris, Belfort, etc.	7 h. » du m. 8 50 »	6 h. 55 du m. 5 35 du s.
Ligne de Belfort.	7 h. » du m. »	11 h. 05 du m. 7 45 du s.
Ligne de Lyon et du Midi.	7 h. » du m. 11 — »	9 h. 25 du m. 2 50 du s.
Ligne de Strasbourg, Colmar, etc.	7 h. » du m. 11 — » 1 — du s. 5 50 »	6 h. 55 du m. 12 30 du s. 2 50 » 6 40 »
Ligne de Bâle, la Suisse, etc.	7 h. » du m. 11 — » 1 — du s. 5 50 »	6 h. 55 du m. 10 30 » 4 30 du s. 7 40 »
Ligne de Thann, Remiremont, etc.	7 h. » du m. 8 50 » 11 — » 5 50 du s.	7 h. 50 du m. 10 30 » 4 30 du s. 7 40 »
Ligne de Massevaux.	7 h. » du m. 8 50 »	2 h. 50 du s. 7 45 »

Direction télégraphique.

Place de la Paix.

Les bureaux sont ouverts de 7 heures du matin à minuit.

Chemins de Fer.

(Heure de Paris.)

HEURES DES DÉPARTS.			HEURES D'ARRIVÉES.		
	h.			h.	
pour Paris	5.20 du matin		de Paris	5.30 du matin	(0)
»	7.05 »	(1)	»	7.05 »	(1)
»	9.59 »	(a)	»	7.25 »	(c)
»	11.40 »		»	10.— »	(3)
»	3.30 du soir	(2)	»	1.— du soir	
»	6.04 »	(c)	»	4.38 »	(4)
»	7.45 »	(3) (0)	»	7.— »	(a)
pour Bâle	7.35 du matin		»	10.55 »	
»	9.03 »		de Bâle	5.25 du matin	(0)
»	11.27 »		»	6.12 »	
»	1.10 du soir		»	7:31 »	(a)
»	4.56 »		»	9.54 »	(a)
»	7.40 »	(a)	»	11.30 »	
»	7.40 »	(0)	»	3.12 du soir	
»	8.57 »	(a)	»	5.59 »	(c)
pour Strasbourg	6.22 du matin *		»	6 57 »	
»	7.36 » *	(a)	de Strasbourg	8.53 du matin	
»	1.10 du soir *		»	11.17 »	
»	3.20 » *		»	4.48 du soir	
»	7.08 »		»	8.30 »	
pr. Thann-Wesserl.	8.20 du matin		»	8.52 »	(a)
»	11.— »		de Colmar	6.35 du matin	
»	5.05 du soir		de Thann-Wess.	6.50 »	
»	8.35 »		»	9.50 »	
			»	1.40 du soir	
			»	5.30 »	
			»	8.05 »	

Nota. Les convois marqués d'un astérisque correspondent avec ceux de Schlestadt à Sté.-Marie-aux-Mines.

Ceux marqués (1), (3) s'arrêtent à Belfort, et celui (2) s'arrête à Vesoul.

(1), (3), (4) viennent de Belfort.

Les convois marqués (a) sont de 1re et 2e classe, et (c) sont de 1re classe, et (0) convois d'ouvriers entre Altkirch et St.-Louis.

Inspection des Contributions indirectes.
Faubourg de Bâle, 44.

Inspection des Douanes.
Rue de l'Entrepôt, 2.

Perception des Contributions directes.
Rue des Fabriques, 12.

Bureau central de l'Octroi.
Rue des Maréchaux, 6.

Gendarmerie impériale.
Rue du Tir.

Bureau central de Police.
Place de la Réunion (dépendances de l'Hôtel-de-Ville).

Caserne militaire.
Rue du Tir.

Recette particulière.
Rue Henriette, 2.

Recette municipale.
Rue de l'Est.

Enregistrement et Domaines.
ACTES CIVILS,
Grand'rue, 20.

ACTES JUDICIAIRES ET DOMAINES.
Rue du Manège, 29.

Inspection des Forêts.
Faubourg de Bâle.

Bureaux des Ponts-et-Chaussées.
1º SERVICE DU CANAL DU RHÔNE-AU-RHIN.
Rue d'Altkirch, 21.

2º SERVICE DES ROUTES.
Faubourg de Bâle, 52.

Bibliothèques.

1° DE LA VILLE.

Rue du faubourg de Belfort, 5 (dans le bâtiment de l'Ecole de Dessin).

2° POPULAIRE.

Rue Napoléon, 6 (ancienne Cité).

Ouverte : Tous les soirs de 7 $^{1}/_{2}$ à 9 heures, mercredi et samedi de 1 à 2 $^{1}/_{2}$ heures, et le dimanche de 10 heures à midi.

Société industrielle de Mulhouse.

Rue de la Bourse, 10.

Musée d'histoire naturelle.

Bâtiments de la Société Industrielle ; rue de la Bourse, 10.

Ouvert tous les jours pour les Etrangers et les mercredis, notamment, pour les gens de la localité.

Théâtre.

Rue de la Sinne.

Banque de France (succursale de la.)

Avenue du Commerce, 9.

Comptoir d'Escompte.

Place du Nouveau-Quartier.

Caisse d'Epargne.

Rue des Champs-Elysées, 19.

Chambre de Commerce.

Plate-forme du Nord, 17.

Hospice civil et Asile des Orphelins.

Quai du Fossé, 17.

Hospice israélite.

Rue Kœchlin, 59.

Asile des Voyageurs indigents.

Rue de l'Hospice, 3.

Etablissements de Bains.

Faubourg de Colmar, 25. — Rue Napoléon, 8 (ancienne Cité
Rue des Bains. — Quai du Forst.

Nouvelle Halle ou Marché couvert.

Place de la Paix.

Abattoir.

A l'extrémité des rues de la Justice et des Brasseurs.

EDIFICES PUBLICS.

Eglises :
1º CATHOLIQUE (NOUVELLE).
Place de la Paix.

2º CATHOLIQUE (ANCIENNE).
Rue des Champs-Elysées.

Temples :
1º PROTESTANT ALLEMAND.
Place de la Réunion.

2º PROTESTANT FRANÇAIS.
Rue de l'Hospice.

Synagogue.
Rue de l'Hospice.

INSTRUCTION PUBLIQUE.

Ecole préparatoire à l'enseignement supérieur des sciences et des lettres.
Faubourg de Belfort, 5.

Ecole de Dessin.
Faubourg de Belfort, 5.

Ecole Professionnelle.
Rue Huguenin, 7.

Ecole de Tissage mécanique.
Porte de Nesle (le long du canal de décharge).

Ecole de Filature.
Porte de Nesle (près la rue du Bourg).

Ecole de Commerce.
Plate-forme du Nord, 17.

Ecole professionnelle israélite.

Rue des Orphelins.

Collége.

Grand'rue, 8.

Ecole primaire communale.

Rue des Champs-Elysées, 25.

Avec trois écoles annexes:

1° Chaussée de Dornach, 69 (derrière). — 2° Rue Kœchlin.
3° Rue St. Michel.

Salles d'Asile.

Ces salles sont au nombre de six et sont situées:

Rue de la Salle d'Asile, rue Francklin, rue St. Michel, rue des Prés,
rue Napoléon (nouvelle Cité) et Grand'rue.

Ecoles libres.

Passage du Cercle, 2, *Ecole de Garçons*; rue de la Loi, 6, *Ecole israélite*;
porte du Miroir, *Ecole de Garçons*; — faubourg de Colmar, 2; rue du
Théâtre; rue Ste Claire, 6; porte de Bâle, 8; rue Henriette, 17; rue de
la Sinne; Grand'rue et quai du Barrage.

HOTELS.

Les principaux Hôtels sont:

l'Hôtel Romann (ou du Lion Rouge), Porte de Bâle, 16; Omnibus à tous
les trains.
l'Hôtel Wagner, Porte de Bâle, 18; Omnibus à tous les trains.
l'Hôtel de la Paix, Rue de la Station, 15 (près la gare).
l'Hôtel Pfister, Rue de la Station, 4 (près la gare).
l'Hôtel des Drapeaux, Porte de Bâle, 2; Omnibus à tous les trains.
l'Hôtel Guillaume-Tell, Place de la Réunion.
l'Hôtel de la Ville-de-Strasbourg, Faubourg de Colmar, 19.
l'Hôtel Beau-Séjour, Chemin dit Grümplé (vignoble).

Les autres d'un ordre inférieur, quoique en partie très-confortables, n'ont
pas été dénommés.

VOITURES.

1° DE REMISE,

Faubourg de Bâle, 26, Avenue de la Paix, Place de la Concorde
et Quai du Cimetière, 1.

TARIF.

FIXATION DU TEMPS.	Pour 1 ou 2 Personnes		Pour 3 ou 4 Personnes	
	JOUR	NUIT	JOUR	NUIT
	FR. C.	FR. C.	FR. C.	FR. C.
1/4 d'heure en course	1 »	1 25	1 25	1 50
1/2 heure	1 50	1 60	1 60	2 »
3/4 d'heure.	1 80	2 »	2 »	2 25
1 heure	2 »	2 25	2 50	2 75
Chaque malle ou colis				0 50

Application du même tarif pour le temps excédant la première heure.

2° DE PLACE.

Faubourg de Bâle, 26; Avenue de la Paix; Place de la Concorde
et Quai du Cimetière, 1.

TARIF.

FIXATION DU TEMPS.	Voitures à 2 places.		Voitures à 4 places.	
	JOUR	NUIT	JOUR	NUIT
	FR. C.	FR. C.	FR. C.	FR. C.
1/4 d'heure ou 1 course. . . .	0 75	1 »	1 »	1 25
1/2 heure	1 25	1 50	1 50	1 75
3/4 d'heure	1 40	1 80	1 75	2 »
1 heure	1 60	2 »	2 »	2 50
Chaque malle ou colis				0 50

Nota sur les voitures de remise et de place.

Service d'été: du 1er avril au 1er octobre.
Jour: de 7 heures du matin à 8 heures du soir (tarif ci-dessus).
Nuit: de huit heures du soir à minuit (tarif ci-dessus).
Après minuit: (Voitures commandées aux bureaux avant 9 heures du soir).

La course ou l'heure, 3 Fr.

3° SUCCURSALE DES CHEMINS DE FER.

Porte de Bâle, 16.

4° LOUEURS DE VOITURES (à prix débattus).

Holzschuh Frédéric, rue des Brasseurs, 49.
Montagnon, faubourg de Bâle, 26 (Bureau : avenue de la Paix).
Rey F. J., Quai du Cimetière, 1 (Bureau : place du Nouveau-Quartier, Café Rey).
Schlienger A., impasse de l'Horloge, 4.
Schneider Aug., rue du Roulage, 4.
Bibler Ignace, rue Traversière, 4.
Blind, rue Ste Catherine.

5° OMNIBUS.

Service régulier de la place du Nouveau-Quartier à Dornach.

Départs de Mulhouse (place du Nouveau-Quartier) à 8 h. 45 m., 9 h. 45 m et 11 h. du matin et à 1 h. 45 m., 2 h. 45, 3 h. 45 m., 4 h. 45 m., 5 h. 45 et 6 h. 45 du soir.

Départs de Dornach : à 9 h. 15 m., 10 h. 15 m. et 11 h. 50 m. du matin, et à 2 h. 15 m., 3 h. 15 m., 4 h. 15 m., 5 h. 15 m., 6 h. 15 m. et 7 h. 15 m., du soir.

Le prix des places est fixé à fr. 0.30 par personne pour les places d'intérieur et à fr. 0.20 pour les places de banquettes extérieures.

6° VOITURES PUBLIQUES ET VOITURIERS COMMISSIONNAIRES.

A l'Hôtel Guillaume-Tell : (Service régulier de Mulhouse à Massevaux) Omnibus portant les dépêches ; 2 départs de Mulhouse, à 6 heures du matin et à 4 heures du soir ; départs de Massevaux, à 5 heures du matin et à 4 heures du soir.

A l'hôtel de la Ville-de-Strasbourg, faubourg de Colmar ; à l'Espérance, faubourg de Bâle ; à l'Agneau d'or, faubourg de Colmar ; au Paon d'or, faubourg de Colmar, on trouve des voitures commissionnaires qui desservent les localités aux environs de Mulhouse.

Bureau des Portefaix.
Rue des Halles, 4.

Nota. Bien d'autres renseignements auraient pu être donnés tant sur les Administrations que sur les établissements industriels et le commerce ; mais ce livre n'étant exclusivement qu'un *Guide-Itinéraire*, ils n'entrent pas dans son cadre.

Pour de plus amples renseignements, consulter l'Indicateur Commercial et Administratif de M. Kieffer.

DÉLIMITATION DES DEUX CANTONS
NORD ET SUD DE MULHOUSE.

La ligne de délimitation passe par

la rue de la Berggasse, le Pont d'Altkirch, la Plate-forme du Nord, la rue du Roulage, la rue Ste-Catherine, ligne droite partant de cette rue et se dirigeant à travers les propriétés dans la rue des Fleurs, la rue des Fleurs, la rue Henriette, la rue du Raisin, la rue des Tondeurs, la rue des Bons-Enfants, la rue des Champs-Elysées, la rue du Temple, le quai du Fossé et le faubourg de Belfort.

Partant de la rue de la Berggasse et se dirigeant au faubourg de Belfort, en suivant cette ligne de délimitation, on a le canton Nord à sa droite et le canton Sud à sa gauche.

RUES DE MULHOUSE

IMPASSES, PASSAGES, CARREFOURS, PLACES, CITÉS, BOULEVARDS, QUAIS, PONTS, AVENUES, ETC.

ABRÉVIATIONS.

Ancienne Cité	AC.	Canton Sud	S.	Impasse	imp.	Pont	pt.
Avenue	av.	Carrefour	car.	Nouvelle Cité	N.C.	Quai	q.
Boulevard	blv.	Chemin	ch.	Passage	pas.	Route	R.
Canton Nord	N.	Faubourg	fg.	Place	pl.	Ruelle	r.

Nota. En entrant dans une rue par le commencement, on a les Nos pairs à la droite et les Nos impairs à la gauche.

CANTONS	RUES	COMMENÇANT	FINISSANT
	A		
N	Abattoir (pas. de l') r.	des Brasseurs, 17.	du Moulin, 18.
N	Abreuvoir (imp. de l') r.	Porte de Bâle, 22.	. . . . .
N	Alger (q. d') (Rive droite)	Pt des Bonnes-Gens (car.).	R. de Rixheim.
N	Alma (q. de l') (R. gauche)	Pt des Bonnes-Gens (car.).	R. de Rixheim.
S	Alouettes (pas. des) NC.	des Oiseaux.	Julie.
N	Alpes (des) AC.	Francklin.	des Vosges.
N-S	Altkirch (d')	fg du Miroir, 7 (car.).	Pl. du Nouv.-Quartier (car.).
S	Altkirch (fg d')	Pont d'Altkirch.	R. d'Altkirch.
N-S	Altkirch (pt d')	Faubourg du Miroir, 1.	Faubourg d'Altkirch.
N	Amidonniers (des) AC.	fg de Belfort (extrémité).	du fg de Colmar (extrémité).
S	André (St)	Manchester, 8.	du Rossberg, 17.
N	Arc (de l')	du Tir.	Francklin, 10.
S	Arsenal (de l')	Pl. de la Concorde, 2 (car.).	Porte haute, 37.
	B		
S	Bains (des)	de Didenheim.	St. Michel.
N	Bâle (fg de)	Pl. du Nouv.-Quartier (car.).	Valachie (car.).
N	Bâle (porte de)	Pl. du Nouv.-Quartier (car.).	Pl. des Victoires, 1 (car.).
N	Banque (de la)	d'Altkirch, 28.	Avenue du Commerce, 11.
N	Ballon (du)	Quai du Fossé.	des Orphelins.

CANTONS	RUES	COMMENÇANT	FINISSANT
N	Barrage (q. du)	f⁵ de Colmar, 6 (car.).	
N	Bassin (du)	Plate-forme du Nord, 19.	pl. de la Bourse, 4 (car.).
N-s	Belfort (f⁹ de)	Porte haute (car.).	f⁵ Colmar (extrémité) (car.).
N-s	Berggasse (de la)	Faubourg d'Altkirch (car.).	Tannenwald.
s	Blanche	Quai de la Cloche.	Lavoisier.
s	Bleu (pas.) NC.	Thénard.	Napoléon NC.
s	Bœuf (imp. du) r.	des Tanneurs, 35.	
s	Bonbonnière	Place de la Concorde, 7.	des Champs-Elysées, 32.
N	Bohnacker (ch. dit)	de la Wanne.	f⁵ de Riedisheim, 24.
N	Bonnes-Gens (des)	Pⁱ des Bonnes-Gens (car.).	faubourg de Bâle, 25 (car.).
N	Bonnes-Gens (pᵗ des)	des Bonnes-Gens, 2.	faubourg de Riedisheim, 2.
N-s	Bons-Enfants (des)	des Bouchers, 14 (car.).	Champs-Elysées, 60 (car.).
N	Bons-Ménages (des) AC.	Dollfus.	Kœchlin.
N	Bouchers (des)	des Boulangers, 39 (car.).	des Tanneurs, 28 (car.).
N	Boulangers (des)	Henriette, 2.	pl. de la Réunion, 16 (car.).
s	Bourg (du)	Porte de Nesle, 6 (car.).	Quai du Miroir, 1 (car.).
s	Bourg (imp. du)	du Bourg, 17.	
N	Bourse (de la)	du Bassin, 5.	des Bonnes Gens, 12.
N	Brasseurs (des)	du Sauvage, 2.	de la Justice, 52.
N	Bruebach (de)	du f⁵ de Riedisheim, 2.	ch. de Bruebach.
s	Buffon	Porte de Nesle.	faubourg de Belfort, 7.
N	Burtzwiller (de)	du f⁵ de Colmar (extrémité) (car.).	ch. de Burtzwiller.

C

CANTONS	RUES	COMMENÇANT	FINISSANT
N	Canal (du)	Plate-forme du midi.	de la Station.
N-s	Catherine (Sᵗᵉ)	du Roulage, 6.	d'Altkirch, 11.
s	Cendres (imp. des)	des Trois-Rois, 29.	
N	Cercle (pas. du) r.	Mercière, 6.	Porte de Bâle, 15.
N-s	Champs-Elysées (des)	de l'Arsenal, 38 (car.).	des Maréchaux, 4 (car.).
N	Champs (des)	du f⁵ de Bâle, 27 (car.).	Quai du Cimetière, 12.
s	Chantiers (des)	du Manège, 32.	Kléber, 21.
N	Charité (de la) AC.	Kœchlin, 57.	direction de Burtzwiller.

CANTONS	RUES	COMMENÇANT	FINISSANT
N	Charpentiers (des)	d'Illzach.	Neppert.
N	Charrons (des) r.	des Tondeurs, 23.	Paille, 18.
N	Chemin de fer (blv. du)	fg d'Altkirch (car.).	de Bruebach.
N	Chevreuil	Papin.	Kœchlin, 27.
N	Cimetière (ch. du)	Quai du Cimetière (car.).	Cimetière.
N	Cimetière (q. du)	Porte de Bâle, 12 (car.).	ch. du Cimetière (car.).
S	Claire (Ste)	Quai du Miroir, 1 (car.).	de l'Hospice, 5 (car.).
S	Cloche (q. de la)	Chaussée de Dornach.	Napoléon, NC.
S	Collége (du)	Collége (derrière).	St Jean, 6.
N	Colmar (du fg de)	Porte Jeune (car.).	de Burtzwiller (car.).
N	Colombier (du)	du fg de Colmar.	des Amidonniers.
N	Commerce (av. du)	Plate-forme du Nord, 25.	Pl. du N.-Quartier, 4 (car.).
S	Comète (de la) NC.	des Oiseaux.	Quai du Forst.
S	Concorde (pl. de la)	de l'Arsenal, 1.	des Tanneurs, 1.
N	Coq (imp. du)	des Tanneurs, 23.	. . . . .
S	Corbeaux (pas. des) NC.	des Oiseaux.	Julie.
N	Cordiers (imp. des) (pas.)	des Halles, 2 (car.).	Porte de Bâle, 13.
N	Couvert (nouveau pas.)	de la Sinne, 26.	Porte de Bâle, 9.
S	Cuvier	Huguenin.	Buffon, 23.

<h2 style="text-align:center">D</h2>

CANTONS	RUES	COMMENÇANT	FINISSANT
S	Déversoir (du) NC.	des Oiseaux.	Quai du Forst.
S	Didenheim (de)	Fond. André Kœchlin et Cie.	Porte du Miroir (car.).
N	Doller (de la)	de Burtzwiller.	à la Doller.
N	Dollfus AC.	du fg de Belfort, 28.	du fg de Colmar, 45.
S	Dornach (chaussée de)	R. de Dornach.	pt de la ch. de Dornach (car.).
S	Dornach (pt de la chée)	fg de Belfort, 20 (car.).	Chée de Dornach, 121 (car.).
N	Drapiers (imp. des) r.	Porte Jeune, 2.	. . . . .

<h2 style="text-align:center">E</h2>

CANTONS	RUES	COMMENÇANT	FINISSANT
N	Economie (de l') AC.	Dollfus, 47.	Kœchlin.
S	Egout (de l')	du Manège, 5.	Quai d'Isly.

CANTONS	RUES	COMMENÇANT	FINISSANT
s	Emouleurs (q. des) r.	Porte haute, 39.	. . . .
N	Entrepôt (de l')	Pl.-forme du Nord, 25 (car.).	des Bonnes-Gens, 4 (car.).
N	Est (de l')	des Bonnes-Gens, 2 (car.).	de la Gare, 2.
	F		
s	Fabriques (des)	Buffon, 19.	Chaussée de Dornach, 72.
N	Filature (de la) AC.	Francklin.	Dollfus.
N-s	Fleurs (des)	Henriette, 12.	de la Sinne, 18.
s	Fonderie (de la)	du Manège, 20.	Fond. de MM. Kœchlin et Cº.
s	Forst (q. du) NC.	Napoléon NC. (car.).	dre la fabrique Vaucher et Cº
N-s	Fossé (q. du)	Porte haute, 48 (car.).	Porte jeune, 5 (car).
N	Francklin	du fˢ de Belfort, 20 (car.).	du fˢ de Colmar, 38.
	G		
s	Galfingen (ch. de)	Porte de Nesle (car.).	. . . .
N	Gare (de la)	du fˢ de Bâle, 55.	Quai de l'Alma.
N	Gaz (du)	de la Filature.	du fˢ de Colmar, 37.
s	Grand'rue	Porte de Nesle, 6 (car.)	de l'Arsenal, 35 (car.).
N	Guillaume-Tell	pas. Teutonique, 5.	pl. de la Réunion, 4 (car.).
	H		
N	Halles (des) r.	Place de la Réunion.	imp. des Cordiers (car.).
N	Halles (imp. des) r.	imp. des Cordiers (pas.)	. . . .
N	Harpe (de la)	d'Illzach.	des Mésanges.
s	Haute (porte)	de l'Arsenal, 44.	du fˢ de Belfort, 4 (car.).
N	Hâvre (du)	de la Sinne, 28 (car.).	d'Altkirch, 22.
N-s	Henriette	des Boulangers, 4.	pl. de la Réunion, 27 (car.).
s	Hochsteg (pᵗ du)	Porte de Nesle (car.).	ch. de Galfingen.
s	Hôpital (pas de l'anc.) r.	de la Synagogue, 7 (car.).	pl. de la Concorde (car.).
s	Horloge (imp. de l')	des Tanneurs, 21.	. . . .
N	Horticulture (de l')	de Bruebach, 22.	du Tivoli.
s	Hospice (de l')	des Trois-Rois, 23 (car.).	Sᵗᵉ Claire, 17 (car.).
s	Huguenin	du fˢ de Belfort, 5.	Buffon, 32.

CANTONS	RUES	COMMENÇANT	FINISSANT
	I		
N	Illzach (d')	du f⁵ de Colmar, 21.	Ch. d'Illzach.
N	Imprimeurs (des) AC.	Papin.	Kœchlin, 47.
S	Isly (q. d') (Rive gauche)	p¹ d'Altkirch (car.).	pont du Chemin de fer de Strasbourg à Bâle.
	J		
S	Jacquart	Buffon, 1.	des Fabriques.
S	Jardiniers (des) r.	du Manège, 42.	des Chantiers.
S	Jardinets (pas. des) NC.	des Oiseaux.	Quai du Forst.
S	Jean (S¹)	S⁶ Claire, 9.	Grand'rue, 25.
N	Jeune (porte)	du Sauvage, 30 (car.).	du f⁵ de Colmar, 1 (car.).
S	Joseph (S¹)	de Didenheim.	S¹ Michel.
N	Josué Heilmann AC.	Francklin, 26.	Kœchlin, 37.
S	Julie NC.	Napoléon NC.	direction de Pfastadt.
N	Justice (de la)	pl. des Victoires, 2 (car.).	des Brasseurs, 49.
	K		
S	Kléber	du f⁵ du Miroir, 5.	du Manège, 4.
N	Kœchlin AC.	du f⁵ de Belfort, 44.	du f⁵ de Colmar, 64.
	L		
N	Lambert (pl.)	Pl. de la Réunion, 6.	
N	Lanterne (de la) r.	Pl. de la Réunion, 2 (car.).	pl. des Victoires, 11 (car.).
S	Lavoisier NC.	Chaussée de Dornach, 97.	du Déversoir.
S	Loge (imp. de la)	du Bourg, 31.	
S	Loi (de la)	S⁶ Claire, 17 (car.).	de l'Arsenal, 49 (car.).
S	Lucelle (de)	des Trois-Rois, 34.	de la Synagogue, 8 (car.).
S	Lutterbach (chaussée de)	Ch. de Galfingen.	r. de Dornach.
S	Lyon (de)	Porte du Miroir, 2 (car.).	des Trois-Rois, 25 (car.).
	M		
S	Magasins (des)	du f⁵ du Miroir, 6.	du Roulage, 21.

CANTONS	RUES	COMMENÇANT	FINISSANT
S	Magenta	d'Altkirch, 8.	pl. de la Paix (car.).
S	Manchester	de l'Ours.	Chaussée de Dornach, 40.
S	Manège (du)	Quai d'Isly, 5.	Porte du Miroir (car.).
N	Marché (pas. du) (imp.)	des Bouchers, 2.	
S	Marché couvert (du)	des Fleurs (car.).	Pl. de la Paix (car.).
N	Maréchaux (des)	Champs Elysées, 60 (car.).	du Sauvage, 21.
N	Maréchaux (pl. des)	des Maréchaux, 15.	Paille, 3.
S	Marignan (pas.) NC.	des Oiseaux.	Quai du Forst.
N	Mercière	pl. de la Réunion, 8 (car.).	Pl. des Victoires, 9 (car.).
N	Mertzau (de la)	du f^g de Colmar (extrémité) (car.).	Ch. de la Mertzau
N	Mésanges (des)	d'Illzach.	de la Harpe.
S	Michel (S^t)	de Didenheim, 8.	du Manège, 17.
S	Miroir (porte du)	du f^g du Miroir, 16 (car.).	des Trois-Rois, 2 (car.).
S	Miroir (q. du)	Neuve, 1 (car.).	des Trois-Rois, 2 (car.).
S	Miroir (f^g du)	Pont d'Altkirch (car.).	Porte du Miroir, 1 (car.).
S	Mittelbach (du)	des Fleurs (car.)	Pl. de la Paix (car.).
S	Montebello (pas.) NC.	des Oiseaux.	Quai du Forst.
S	Montyon NC.	Lavoisier.	Quai de la Cloche.
N	Moulin (du)	du Sauvage, 22.	pas. de l'Abattoir, 48.

N

CANTONS	RUES	COMMENÇANT	FINISSANT
N-S	Napoléon A et NC.	de Pfastadt.	du f^g de Colmar, 62.
N	Napoléon (pl.) AC.	Napoléon, 7, AC.	Dollfus, 20.
S	Napoléon (p^t) A et NC.	Napoleon, AC.	Napoléon, NC.
N	Neppert	du f^g de Colmar, 40 (car.)	direction d'Illzach.
S	Nesle (porte de)	Grand'rue, 1 (car.).	Chemin de Galfingen (car.).
S	Nesle (imp. de) r.	Grand'rue, 1 (car.).	
S	Neuve	Quai du Miroir, 1 (car).	Grand'rue, 15.
N	Nicolas (S^t)	Av. de la Paix, 10.	des Bonnes-Gens, 17.
N	Nord (du) NC.	Ch. de Pfastadt.	Julie.
N	Nouveau-Quartier (pl. du)	Porte de Bâle.	de Riedisheim, 28.

CANTONS	RUES	COMMENÇANT	FINISSANT
	O		
s	Oberkampf	Chaussée de Dornach, 65.	Napoléon, 15, NC.
s	Oiseaux (des) NC.	Napoléon, 4, NC.	direction de Pfastadt.
s	Oran (q. d') (rive droite)	Pont d'Altkirch (car.).	Pont du chemin de fer de Strasbourg à Bâle.
N	Orphelins (des)	Quai du Fossé.	du Tir, 9.
N	Orphelins (des) (prolongt)	Dollfus, 42.	direction de Burtzwiller.
N	Ouest (de l') AC.	Dollfus.	Kœchlin, 3.
s	Ours (de l')	Chaussée de Dornach, 16.	du Traineau, 4.
	P		
N	Paille r.	pl. des Maréchaux, 5.	du Sauvage, 27.
N	Paix (av. de la)	de l'Entrepôt, 2.	Pl. du Nouv.-Quartier (car.).
s	Paix (pl. de la)	de Lyon, 17.	Magenta.
N	Papin AC.	du Travail.	de la Filature.
s	Pfastadt (de) NC.	Chaussée de Dornach, 37.	Napoléon, NC.
N	Plate-forme du Midi (côté de la gare)	Pont d'Altkirch (car.).	Pont des Bonnes-Gens (car.).
N-s	Plate-forme du Nord (côte de la ville)	Pont d'Altkirch (car.).	Pont des Bonnes-Gens (car.).
N	Porte de Bâle	pl. du Nouv.-Quartier (car.).	Pl. des Victoires, 4 (car.).
s	Porte de Nesle	Grand'rue, 4 (car.).	Chemin de Galfingen (car.).
s	Porte du Miroir	fg du Miroir (car.).	Quai du Miroir (car.).
s	Porte Haute	de l'Arsenal, 44.	du fg de Belfort, 4 (car.).
N	Porte Jeune	du Sauvage, 30 (car.).	du fg de Colmar, 4 (car.).
s	Prés (des)	Chaussée de Dornach, 41.	de Pfastadt.
	R		
N-s	Raisin (du) r.	des Boulangers, 3.	Pl. de la Concorde, 18 (car.).
N	Rempart (imp. du) r.	Porte jeune, 4.	
N	Ravin (du)	du fg de Colmar, 60. (car.).	Neppert, 24.
N	Repos (du)	Faubourg de Bâle, 33.	Chemin du Cimetière.
N	Réunion (pl. de la)	Mercière, 4.	des Boulangers, 44.

CANTONS	RUES	COMMENÇANT	FINISSANT
N	Riedisheim (de)	des Bonnes-Gens, 4.	Pl. du N.-Quartier, 8 (car.).
N	Riedisheim (f⁹ de)	pont des Bonnes-Gens (car.).	Chemin de Riedisheim.
N	Rixheim (de)	de l'Horticulture.	Banlieue de Riedisheim.
S	Rossberg (du)	Chaussée de Dornach, 5.	de Pfastadt, 4.
N-S	Roulage (du)	Plate-forme du Nord, 5.	f⁸ du Miroir, 7 (car.).
N	Runtz (du)	Josué Heilmann.	du f⁸ de Colmar, 33.

S

CANTONS	RUES	COMMENÇANT	FINISSANT
N	Salle d'Asile (de la)	du f⁸ de Bâle, 51.	de la Gare, 2.
S	Salle d'Asile (pas. de la) NC.	des Oiseaux, NC.	Quai du Forst.
N	Sausheim (de)	du f⁸ de Bâle (car.).	Ch. de Sausheim.
N	Sauvage (du)	Pl. des Victoires, 13 (car.).	Porte jeune, 1 (car.).
N-S	Sinne (de la)	Porte du Miroir, 2 (car).	Porte de Bâle, 10 (car.).
N	Station (de la)	Faubourg de Riedisheim.	Faubourg d'Altkirch.
S	Synagogue (de la)	de l'Hospice, 5 (car.).	de Lucelle, 11 (car.).

T

CANTONS	RUES	COMMENÇANT	FINISSANT
N-S	Tanneurs (des)	Pl. de la Concorde, 17 (car.).	des Bons-Enfants, 1 (car.).
N-S	Temple (du)	Quai du Fossé, 9.	des Champs-Elysées, 20.
N	Teutonique (pas.) r.	Henriette, 25.	Guillaume-Tell, 1.
S	Thann (de)	du Traineau, 3.	des Fabriques.
S	Théâtre (du)	Sᵗᵉ Claire, 12.	Grand'rue, 33.
S	Thénard NC.	Oberkampf.	Quai de la Cloche.
N	Tir (du)	du f⁸ de Belfort, 18.	du f⁸ de Colmar, 26.
S	Tisserands (des)	Buffon, 21.	Buffon, 25.
N	Tivoli (du)	Faubourg de Riedisheim.	Vignoble.
N	Tondeurs (des) (imp.)	du Sauvage, 31.	
N	Tonneliers (imp. des)	des Maréchaux, 3.	
S	Traineau (du)	Chaussée de Dornach, 44.	de l'Ours, 17.
N	Travail (du) AC.	Papin.	Kœchlin, 21.
N	Traversière, r.	de la Justice, 7.	des Brasseurs, 20.

CANTONS	RUES	COMMENÇANT	FINISSANT
s	Trois-Rois (des)	Quai du Miroir, 19 (car.).	du Raisin, 4.
s	Tuilerie (de la)	Chaussée de Dornach, 5.	de Pfastadt, 7.
	V		
N	Valachie	fg de Bâle (extrémité) (car.).	R. de Rixheim.
N	Vergers (des) (imp.)	du fg de Colmar (car.).	. . . . .
s	Vert (pas.) NC.	Thénard.	Napoléon, NC.
N	Victoires (pl. des)	Porte de Bâle, 30.	du Sauvage, 1.
N	Vosges (des) AC.	de la Filature.	du faubourg de Colmar, 50.
N	Vosges (pl. des) AC.	Dollfus, 9.	des Vosges (car.).
N	Wanne (de la)	du Tivoli.	. . . . .
	X		
s	Pas. non dénommé	r. Huguenin.	Grand'Rue, 21.
N	» »	r. des Boulangers, 19.	des Tanneurs, 16.
s	» »	r. Porte de Nesle.	de Didenheim.